Vente après décès de Madame R...

ANCIENNES PORCELAINES

DE SÈVRES, D'ALLEMAGNE

DE LA CHINE ET DU JAPON

TABLEAUX

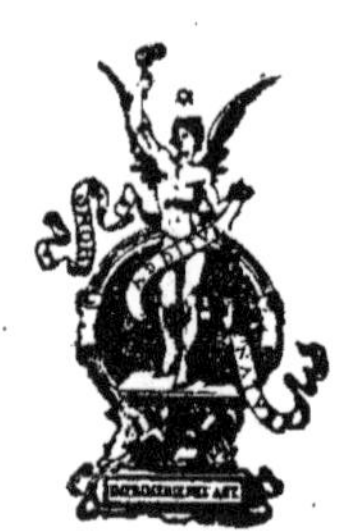

CATALOGUE

DES

Anciennes Porcelaines

DE SÈVRES ET D'ALLEMAGNE

COLLECTION D'ASSIETTES

EN ANCIENNE PORCELAINE DE LA CHINE ET DU JAPON

TABLEAUX

PAR

BOSSCHAERT, CHINTREUIL, ELZHEIMER, D. DE HEEM,
VAN KESSEL, H. PICOU, SENAVE, ETC.

VERRERIE, MOBILIER COURANT

*Dont la Vente, après décès de Madame R****

AURA LIEU

HOTEL DROUOT, SALLE N° 11

Les Mercredi 20 et Jeudi 21 Janvier 1904

à deux heures

COMMISSAIRE-PRISEUR

M⁰ **LAIR-DUBREUIL**, 6, rue de Hanovre

EXPERTS

Pour les Objets d'art :	*Pour les Tableaux :*
MM. MANNHEIM	**M. JULES FÉRAL**
7, rue Saint-Georges, 7	54, faubourg Montmartre, 54

EXPOSITION PUBLIQUE

Le Mardi 19 Janvier 1904, de 1 h. 1/2 à 5 h. 1/2

CONDITIONS DE LA VENTE

———

Elle sera faite au comptant.

Les acquéreurs payeront *dix pour cent* en sus des prix d'adjudication.

L'exposition mettant le public à même de se rendre compte de l'état et de la nature des objets, aucune réclamation ne sera admise une fois l'adjudication prononcée.

Paris.—Imp. de l'Art, E. Moreau et Cⁱᵉ, 41, r. de la Victoire.

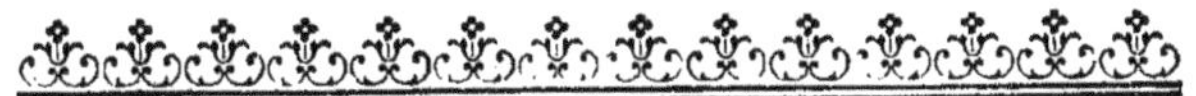

DÉSIGNATION

TABLEAUX

BERTHIER
(deux pendants)

1 — *Nature morte.*

Signés et datés 1840.

Toiles. Haut., 36 cent.; larg., 28 cent.

BOSSCHAERT (Jean-Baptiste)

2 — *Fleurs et Fruits.*

Un vase de pierre, orné de jeux d'amours en bas-relief, s'élève, au centre, enguirlandé de fleurs.

A gauche, une fontaine jaillissante représentant un enfant debout sur un dauphin et tenant une conque sur sa tête.

Au premier plan, des fruits étalés. A droite, un ara perché sur un arbre.

Important tableau de la meilleure qualité de de l'artiste, d'une tonalité claire et d'un très bel effet décoratif.

Signé en toutes lettres.

Toile. Haut., 1 m. 30 cent.; larg., 1 m. 88 cent.

BRAUWER (Genre d'A.)

(DEUX PENDANTS)

3 — *Figures d'Homme et de Femme, à mi-corps.*

Bois. Haut., 12 cent.; larg., 10 cent.

BROECK (ÉLIAS VAN DEN)

4 — *Fleurs dans un vase de cristal.*

Toile. Haut., 67 cent.; larg., 58 cent.

CHINTREUIL

5 — *Moutons sur une route.*

Toile. Haut., 33 cent.; larg., 47 cent.

COURBET (Attribué à GUSTAVE)

6 — *Intérieur d'atelier.*

Au centre, un peintre place lui-même son modèle demi-nu.

Cette intéressante peinture nous semble être une œuvre de la première manière de l'artiste.

Toile. Haut., 52 cent.; larg., 63 cent.

DIAZ (Attribué à N.)

7 — *Femme et Enfants jouant avec un chien dans un parc.*

Toile. Haut., 47 cent.; larg., 30 cent.

DONGEN (Dionys Van)

(DEUX PENDANTS)

8 — *Paysages avec bergers et animaux.*

Signés et datés 1775.

Bois. Haut., 15 cent.; larg., 19 cent.

DUMÉNIL (xviiie siècle)

9 — *Portrait présumé du Régent en costume négligé.*

Toile. Haut., 19 cent.; larg., 24 cent.

EISEN (Genre de F.)

10 — *Enfants se tenant embrassés.*

Cadre en bois sculpté.

Toile. Haut., 40 cent.; larg., 31 cent.

ELZHEIMER (Adam)

11 — *L'Adoration des Mages.*

Cuivre. Haut., 18 cent.; larg., 11 cent.

GILLOT (Genre de Cl.)

12 — *Le Duo.*

Toile, de forme ovale.

Haut., 31 cent.; larg., 38 cent.

HAMILTON (Attribué à G.)

13 — *Vase, perdrix, nid d'oiseaux réunis sur une table.*

Bois. Haut., 31 cent.; larg., 40 cent.

HEEM (J.-David de)

14 — *Fruits et objets inanimés.*

Une orange et des pommes dans une écuelle de faïence posée près d'un vidrecome et d'un citron à demi pelé, sur une table de pierre en partie couverte d'un tapis frangé d'or.

Très bon tableau en parfait état de conservation.

Signé en toutes lettres et daté 1640.

Bois. Haut., 48 cent.; larg., 35 cent.

KESSEL (Jean Van)

15 — *Orphée charmant les animaux.*

Cuivre. Haut., 21 cent. ; larg., 37 cent.

OSTADE (Genre d'A. Van)

16 — *Trois Buveurs autour d'un tonneau.*

Toile. Haut., 36 cent.; larg., 26 cent.

PICOU (Henri)

17 — *Jeune Femme et Amours.*

Signé.

Toile, de forme ovale.

Haut., 40 cent.; larg., 31 cent.

PICOU (Henri)

18 — *Jeune Femme ornant de fleurs les cheveux d'une compagne.*

Signé.

Toile. Haut., 35 cent.; larg., 26 cent.

POUSSIN (École du)

(DEUX PENDANTS)

19 — *Paysages accidentés et animés de figures.*

Toiles, de forme ronde.

Diam., 23 cent.

SENAVE

20 — *Intérieur villageois.*

Gouache.

WATTEAU (Genre de)

21 — *L'Entretien galant.*

Toile, de forme ovale.

Haut., 24 cent.; larg., 17 cent.

ÉCOLE BYZANTINE

22 — *Vierge et Enfant Jésus.*

Bois. Haut., 32 cent.; larg., 48 cent.

ÉCOLE FLAMANDE (xviie siècle)

23 — *Le Chevet d'un malade.*

On lit au dos d'une écriture ancienne :
« Cet Hypocrate de village
« S'en va par son maudit breuvage.
« Mettre ce pauvre homme au tombeau
« Ah qu'on fait un triste visage
« Quand près de soi l'on envisage
« Le confesseur et le bourreau

Bois. Haut., 30 cent.; larg., 23 cent.

ÉCOLE FRANÇAISE (xviiie siècle)

24 — *L'Education de la Vierge.*

Toile. Haut., 39 cent.; larg., 45 cent.

ÉCOLE ITALIENNE (xviie siècle)

25 — *L'Adoration des Mages.*

Toile. Haut., 1 m. 22 cent.; larg., 95 cent.

ÉCOLE ITALIENNE (xviie siècle)

26 — *Présentation d'une ambassade à une dame de qualité.*

Toile. Haut., 35 cent.; larg., 46 cent.

ÉCOLE ITALIENNE (xviie siècle)

27 — *Dames debout à l'entrée d'un palais.*

> Toile. Haut., 34 cent.; larg., 24 cent.

ÉCOLE FRANÇAISE (xviie siècle)

28 — *Introduction d'un Gentilhomme au palais pontifical.*

> Toile. Haut., 28 cent.; larg., 39 cent.

ÉCOLE MODERNE

29 — *Jeune Fille assise dans les roseaux.*

> Toile. Haut., 18 cent.; larg., 24 cent.

ÉCOLE MODERNE

30 — *Les Enfants moissonneurs.*

> Toile. Haut., 49 cent.; larg., 35 cent.

———

FAIENCES

31 — Deux plaques : paysages. Ancienne faïence de Castelli.

32 — Plaque : Hercule. Ancienne faïence de Castelli.

33 — Deux cache-pots, décor bleu à la Berain. Faïence du Midi.

34 — Fontaine-applique, dessin de fleurs. Faïence de Lorraine.

35 — Deux cornets, décor bleu : fleurs. Ancienne faïence de Delft.

36 — Deux cornets côtelés, décor bleu : animaux et quadrillés. Même faïence.

37 — Plat rond, fleurs en bleu, en ancienne faïence de Gœggingen (Allemagne).

38 — Quatre assiettes, faïences diverses.

PORCELAINES

EUROPÉENNES

39 — Soupière ovale, avec couvercle, fleurettes en bleu. Porcelaine allemande.

40 — Cafetière, fleurettes en bleu. Ancienne porcelaine de Grossbreitenbach.

41 — Pot à lait, fleurs en bleu, fond côtelé. Ancienne porcelaine de Grossbreitenbach.

42 — Douze tasses et douze soucoupes, décor bleu à l'intérieur. Ancienne porcelaine de Saxe.

43 — Légumier ovale, avec couvercle et plateau, fleurs en bleu. Ancienne porcelaine de Saxe.

44 — Plateau, du même service.

45 — Saucière, même service.

46 — Plat, fleurettes en bleu, fond côtelé. Ancienne porcelaine de Saxe.

47 — Cafetière, décor bleu, fleurettes. Saxe.

48 — Grand plat creux, décor de fleurs en bleu sur fond côtelé. Porcelaine de Saxe-Marcolini.

49 — Tasse et sa soucoupe, médaillon à fleurs, fond gros-bleu. Saxe-Marcolini.

5o — Bol, émaillé gris. Ancienne porcelaine de Saxe.

5 1 — Plat, de forme contournée, décor de fleurs. Ancienne porcelaine de Saxe.

52 — Cache-pot, décor de fleurs, anses-mascarons. Ancienne porcelaine de Saxe.

53 — Soupière, avec couvercle, décorée de fleurs et de fruits; bordure gaufrée. Ancienne porcelaine de Saxe.

54 — Tasse droite, avec couvercle et soucoupe, fleurs et rubans. Ancienne porcelaine de Saxe.

55 — Grand compotier : oiseaux. Ancienne porcelaine de Saxe.

56 — Assiette : fruits; marli ajouré. Ancienne porcelaine de Saxe.

57 — Quatre assiettes : fleurs et animaux, style
chinois. Ancienne porcelaine de Saxe.

58 — Assiette, fleurs, bord festonné. Saxe-Marcolini.

59 — Environ quinze assiettes. Porcelaine d'Allemagne variée.

60 — Statuette de Jupiter. Porcelaine d'Allemagne.

61 — Statuette allégorique : l'Ouïe, en porcelaine de Saxe.

62 — Deux corbeilles portées par un palmier,
avec groupes d'amours. Porcelaine de Saxe.

63 — Trois assiettes, fleurs, marlis ajourés.
Ancienne porcelaine de Frankenthal.

64 — Tasse et soucoupe, bordure dorée sur fond
rougeâtre. Porcelaine de Vienne.

65 — Crachoir, décoré de fleurs, en porcelaine
de Vienne.

66 — Figurine de joueur de flûte debout, en
ancienne porcelaine blanche.

67 — Groupe à sujet galant, en ancienne porcelaine blanche.

68 — Statuette : joueur de cornemuse, en ancienne porcelaine blanche.

69 — Trois figurines d'enfants debout, en biscuit.

70 — Deux statuettes variées d'enfants debout, en porcelaine blanche.

71 — Cache-pot : fleurs en bleu, ancienne porcelaine de Chantilly.

72 — Trois cache-pots en ancienne porcelaine tendre blanche de Saint-Cloud : décor de fleurs, anses-mascarons.

73 — Deux tasses avec soucoupes : décor de fleurs. Ancienne porcelaine tendre de Sèvres.

74 — Trois tasses et trois soucoupes variées, en ancienne porcelaine tendre de Sèvres.

75 — Tasse droite et soucoupe : oiseaux et arbustes en camaïeu rose. Ancienne porcelaine tendre de Sèvres. Année 1760.

76 — Tasse droite et sa soucoupe, même porcelaine : fleurettes semées, baguettes enruban-
nées à la bordure.

77 — Tasse droite et sa soucoupe, en ancienne
porcelaine tendre de Sèvres. Semis de fleurs,
bordure pointillée rose. Année 1781.

78 — Tasse droite et sa soucoupe, même porcelaine, rubans ondulés bleus et or.

79 — Tasse et sa soucoupe : oiseaux et arbustes
en camaïeu rose, même porcelaine. Année
1757. Décors par *Aloncle*.

80 — Tasse droite et soucoupe : semis de fleurettes. Même porcelaine. Année 1782.

81 — Petite tasse droite et soucoupe : décor aux
barbeaux. Même porcelaine.

82 — Verrière à décor chiné, en ancienne porcelaine tendre de Sèvres.

83 — Compotier : décor de fleurs, en ancienne
porcelaine tendre de Sèvres.

84 — Sucrier, orné de draperies et fleurs ; bordure jaune. Ancienne porcelaine tendre de Sèvres.

85 — Compotier : guirlandes de fleurs, bordure bleue. Porcelaine tendre.

86 — Sucrier avec couvercle et sur plateau fixe, en ancienne porcelaine dure blanche de Sèvres.

87 — Sucrier avec couvercle, décor doré, en ancienne porcelaine dure de Sèvres.

88 — Tasse-trembleuse avec couvercle, à décor de fleurs et quadrillés. Ancienne porcelaine dure de Sèvres.

89 — Deux tasses avec soucoupes, en ancienne porcelaine blanche dure de Sèvres.

90 — Tasse droite et sa soucoupe, en ancienne porcelaine dure de Sèvres, décor de rosaces avec bordure à fond vert.

91 — Aiguière et bassin à médaillons à paysage et allégorie, bordures de rinceaux et oiseaux. Ancienne porcelaine de Paris.

PORCELAINES DE LA CHINE
ET DU JAPON

92 — Quatre figurines de personnages, sur bases hexagones, en ancienne porcelaine de Chine émaillée sur biscuit.

93 — Burette, décorée d'oiseaux, ancienne porcelaine de Chine, famille verte.

94 — Flacon à thé : tigres et fleurs. Même porcelaine.

95 — Deux beurriers ovales, avec couvercles, décor à la haie fleurie. Ancienne porcelaine de Chine, famille verte.

96 — Deux plats ronds en ancienne porcelaine de Chine, famille verte, rehaussée de dorure, décor rayonnant de fleurs, avec petite rosace au centre.

97 — Plat [long, à angles coupés, même porcelaine : scène familiale à deux personnages.

98 — Petit plat creux, même porcelaine : animaux chimériques; marli à fond vert poin-
tillé.

99 — Cornet : rochers et branches fleuries. Ancienne porcelaine de Chine, famille verte.

100 — Cornet, même porcelaine, à grands compartiments de fleurs; monture en bronze.

101 — Cornet, même porcelaine, à grands compartiments de branches fleuries.

102 — Deux flacons quadrilatéraux, en ancienne
porcelaine de Chine, famille verte, décor
d'ustensiles et de rochers fleuris.

103 — Fontaine-applique avec couvercle, à décor
de poissons et crustacés. Ancienne porcelaine
de Chine, famille verte.

104 — Soupière ronde avec couvercle, en ancienne porcelaine de Chine, famille rose :
fleurs, insectes et rochers.

105 — Soupière ovale avec couvercle et plateau
à bords festonnés, même porcelaine : haie
fleurie et volatiles, anses à rocailles.

106 — Soupière ronde, même porcelaine : rochers
et fleurs.

107 — Cache-pot cylindrique, même porcelaine :
haie fleurie.

108 — Deux plats ronds, en ancienne porcelaine
de Chine, famille rose : branches fleuries
avec lambrequins vermiculés au marli.

109 — Sept plats variés de dimension et de
forme, ancienne porcelaine de Chine, famille
rose : haies fleuries, arbustes et oiseaux.

110 — Deux coupes, en ancienne porcelaine de
Chine, famille rose : scènes familiales. Montures en bronze.

111 — Deux petits cornets, en ancienne porcelaine de Chine, famille rose : fruits, fleurs et
insectes.

112 — Deux cache-pots octogones, en ancienne
porcelaine de Chine, famille rose : décor de
branches fleuries, bases ajourées.

113 — Coupe à décor d'oiseaux et de grosses
fleurs. Ancienne porcelaine de Chine, famille
rose.

114 — Deux saucières, ancienne porcelaine de Chine, famille rose : fond marbré.

115 — Saucière décorée de fleurs, même porcelaine.

116 — Crachoir décoré de fleurs, ancienne porcelaine de Chine, famille rose.

117 — Crachoir analogue.

118 — Jardinière rectangulaire ajourée, en ancienne porcelaine de Chine, famille rose.

119 — Beurrier rond avec couvercle et plateau : décor de fleurs, bordure quadrillée. Ancienne porcelaine de Chine, famille rose.

120 — Deux statuettes, en ancienne porcelaine de Chine, famille rose : personnages debout.

121 — Théière avec couvercle : médaillons, femmes jouant du clavecin, style européen. Ancienne porcelaine de Chine, famille rose.

122 — Cafetière avec couvercle : fleurs, bordures marron. Ancienne porcelaine de Chine, famille rose.

123 — Théière avec couvercle : fleurs, fond, noir, même porcelaine.

124 — Groupe composé d'un personnage et d'un animal chimérique. Ancienne porcelaine de Chine, famille rose.

125 — Cinq tasses à café et cinq soucoupes : décor au coq. Ancienne porcelaine de Chine, famille rose.

126 — Deux tasses, ancienne porcelaine mince de la Chine : fleurs. Montures en bronze.

127 — Corbeille ovale ajourée et deux plateaux : décor de grappes de raisin. Ancienne porcelaine de Chine.

128 — Plat ovale, en ancienne porcelaine de Chine, orné de deux personnages tenant un parasol, avec marli imbriqué.

129 — Plat creux oblong : bouquets de fleurs et deux personnages ; marli à carrelages bleus. Ancienne porcelaine de Chine.

130 — Compotier : cerf, oiseaux, insectes et bambous. Ancienne porcelaine de Chine.

131 — Cornet : haie fleurie et lambrequins en bleu. Ancienne porcelaine de Chine.

132 — Deux cache-pots décorés de rochers fleuris en bleu. Ancienne porcelaine de Chine. Marque des ventes du Musée de Dresde.

133 — Cache-pot décoré de fleurs en bleu. Ancienne porcelaine de Chine. Monture en bronze.

134 — Cache-pot, fleurs et rinceaux en bleu. Ancienne porcelaine de Chine.

135 — Trois plats, paysages en bleu et plat rond, décor bleu rayonnant, à compartiments de fleurs. Ancienne porcelaine de Chine.

136 — Bouteille, décor bleu : paysages. Même porcelaine.

137 — Coupe, fleurs en bleu. Ancienne porcelaine de Chine. Monture en plomb.

138 — Coupe carrée en ancienne porcelaine de la Compagnie des Indes : paysages en bleu.

139 — Petite potiche, avec couvercle ; décor
polychrome et or, feuilles et fleurs. Ancienne
porcelaine du Japon.

140 — Deux petits plats variés, décor bleu,
rouge et or. Ancienne porcelaine du Japon.

141 — Deux bols côtelés. Même porcelaine.

142 — Petit flacon surbaissé, décor à la haie
fleurie. Ancienne porcelaine du Japon.

143 — Bassin décoré en couleurs d'un paysage.
Ancienne porcelaine du Japon.

144 — Aiguière décorée de fleurs en bleu, rouge
et or. Même porcelaine.

145 — Deux écuelles, avec couvercles, en ancienne porcelaine du Japon, à décor de fleurs
en bleu, rouge et or.

146 — Légumier rond, même porcelaine ; décor
de branchages fleuris.

147 — Légumier rond, avec couvercle, même
porcelaine : paysages ; couvercle à fond car-
relé.

148 — Plat ovale à grosses fleurs en bleu, rouge
et or. Ancienne porcelaine du Japon.

149 — Pot à eau et cuvette en ancienne porcelaine du Japon : rochers et fleurs en bleu,
rouge et or.

150 — Deux porte-huiliers variés en ancienne
porcelaine du Japon ; décor bleu, rouge et
or.

151 — Deux burettes, même porcelaine : fleurs
en bleu, rouge et or.

152 — Saucière : paysage. Ancienne porcelaine
du Japon.

153 — Ecuelle : fleurs en bleu, rouge et or ; bordure carrelée. Ancienne porcelaine du
Japon.

154 — Deux coupes carrées, décor bleu, rouge et
or ; fleurs et lambrequins. Ancienne porcelaine du Japon.

155 — Coupe sur piédouche, à deux anses ;
fleurs en bleu, rouge et or. Ancienne porcelaine du Japon.

156 — Deux sucriers ronds, haies fleuries en bleu, rouge et or. Même porcelaine.

157 — Petite boîte, avec couvercle et sur piédouche. Même porcelaine.

158 — Compartiment de boîte ronde, décor bleu, rouge et or. Même porcelaine.

159 — Beurrier ovale avec [couvercle, décor bleu, rouge et or. Ancienne porcelaine du Japon.

160 — Sucrier rond, à anses et couvercle ; décor d'enfants en bleu, rouge et or. Même porcelaine.

161 — Sucrier rond avec couvercle, décor polychrome et or, réserves [à paysages. Même porcelaine.

162 — Pot à eau, décoré de fleurs en bleu, rouge et or. Ancienne porcelaine du Japon.

163 — Cafetière, avec couvercle : fleurs et bordure quadrillée en bleu, rouge et or. Même porcelaine.

164 — Cafetière : paysage en bleu, rouge et or. Même porcelaine.

165 — Burette : fleurs en bleu, rouge et or. Même porcelaine.

166. — Pot cylindrique, avec couvercle : paysage en bleu, rouge et or. Même porcelaine.

167 — Flacon à thé, avec couvercle : haie fleurie en bleu, rouge et or. Même porcelaine.

168 — Petit vase à une anse, avec couvercle : fleurs en bleu, rouge et or. Même porcelaine.

169 — Moutardier, avec couvercle : fleurs en bleu, rouge et or. Même porcelaine.

170 — Légumier rond, avec couvercle, décor de fleurs en bleu, rouge et or. Ancienne porcelaine du Japon ; sur trépied en métal doré.

171 — Compotier, à bords festonnés, ancienne porcelaine de **Chine**, famille verte : tigres et enfants.

172 — Plat, même porcelaine : femme tenant un parasol.

173 — Deux assiettes, ancienne porcelaine de
Chine, famille verte : rochers et fleurs.

174 — Deux assiettes, même porcelaine : jeux
de chiens de Fô.

175 — Deux assiettes, même porcelaine, presque
semblables : animaux et bambous.

176 — Deux assiettes, même porcelaine ; rosace
au fond.

177 — Assiette, ancienne porcelaine de Chine,
famille verte : scène familiale ; marli ajouré.

178 — Quatre compotiers, ancienne porcelaine
de Chine, famille verte : fleurs, chutes gau-
frées, revers émaillés jaune-chamois.

179 — Douze assiettes en ancienne porcelaine
de Chine, famille verte : réserves sur fond
bleu.

180 — Six assiettes en ancienne porcelaine de
Chine, famille rose : arbustes et cerfs.

181 — Sept assiettes, même porcelaine : paons ;
marlis en blanc sur fond blanc.

182 — Sept assiettes, même porcelaine : canards ;
au marli, les huit Immortels.

183 — Douze assiettes octogones en ancienne
porcelaine de Chine, famille rose : haie fleurie ; oiseaux au marli.

184 — Cinq assiettes en ancienne porcelaine de
Chine, famille rose : scène familiale, femme
et enfant.

185 — Trois compotiers, bords festonnés, ancienne porcelaine de Chine, famille rose :
arbustes et oiseau.

186 — Quatre assiettes, ancienne porcelaine de
Chine, famille rose : oiseaux ; marlis à bâ-
tons rompus.

187 — Six assiettes octogones : fleurs ; marlis à
compartiments. Même porcelaine.

188 — Trois assiettes, même porcelaine : che-
vaux.

189 — Cinq assiettes, même porcelaine : bouquets de fleurs enrubannés.

190 — Sept assiettes, ancienne porcelaine de
Chine, famille rose : cavalier traversant une
rivière.

191 — Quatre petits plats en ancienne porcelaine
de Chine, famille rose : paysage accidenté.

192 — Deux petits plats festonnés, ornés de
grosses fleurs, en ancienne porcelaine de
Chine, famille rose.

193 — Deux assiettes, même porcelaine : canards;
lambrequins au marli.

194 — Deux assiettes, même porcelaine, déco-
rées de barques.

195 — Deux assiettes creuses en ancienne porcelaine de Chine, famille rose : pêcheurs.

196 — Quatre assiettes octogones, même porcelaine : fleurs et lambrequins.

197 — Assiette, même porcelaine : gerbe de fleurs
au centre.

198 — Assiette creuse : biche et arbustes. Ancienne porcelaine de Chine, famille rose.

199 — Deux assiettes creuses : fleurs, fond bleu caillouté d'or. Même porcelaine.

200 — Quatre assiettes creuses, ancienne porcelaine de Chine, famille rose : petits oiseaux affrontés; marlis quadrillés.

201 — Sept assiettes creuses; haie fleurie. Ancienne porcelaine de Chine, famille rose.

202 — Quatre assiettes, même porcelaine: fleurs; marli vermiculé.

2o3 — Assiette : vases; marli vermiculé. Même porcelaine.

2o4 — Dix-sept assiettes, même porcelaine; arbustes et oiseaux; marlis gaufrés.

2o5 — Trois assiettes, ornées, au centre, de trois petits poissons; entourage de rinceaux. Ancienne porcelaine de Chine.

2o6 — Cinq assiettes en ancienne porcelaine de Chine: fleurs en rouge de fer.

207 — Compotier et seize assiettes en ancienne porcelaine de Chine ; vases et ustensiles.

208 — Cinq assiettes, ancienne porcelaine de Chine : scènes familiales ; marlis quadrillés bleu.

209 — Six assiettes, ancienne porcelaine de Chine, rouleau déplié ; marli vermiculé bleu et à réserves.

210 à 230 — Environ quatre-vingt-trois pièces : assiettes, petits plats et compotiers variés en ancienne porcelaine de la Chine et de la Compagnie des Indes. (Seront divisées.)

231 à 241 — Environ quatre-vingt-deux pièces : assiettes, plats et compotiers, décors variés. Ancienne porcelaine du Japon. (Seront divisées.)

242 à 246 — Environ soixante-dix-sept soucoupes, petites assiettes et petits plateaux. Ancienne porcelaine de la Chine et du Japon. (Seront divisés.)

247 — Huit bols variés, en ancienne porcelaine de la Chine et du Japon.

OBJETS VARIÉS, MOBILIER

248 à 255 — Lot de verrerie partiellement dorée, flacons, verres à pied, carafes, plateaux. (Sera divisé.)

256 — Quatre pièces : soucoupe, tasse libatoire et animaux. Jade.

257 — Plaque : la Vierge et l'Enfant Jésus, en ancien émail peint de Limoges.

258 à 261 — Lot de guipures et dentelles variées.

262 — Sous ce numéro, mobilier courant.

Nota. — Le Mobilier courant sera vendu le vendredi 22 Janvier, **Salle n⁰ 2.**